Dieses Buch gehört

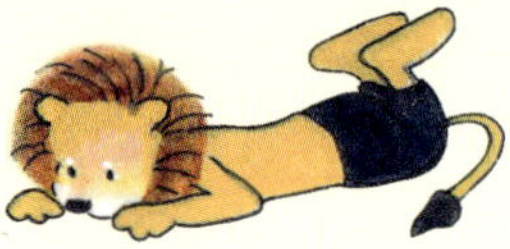

Liebe Eltern,

wir wollen Ihr Kind beim Lesenlernen unterstützen, und zwar mit Geschichten, die Spaß machen.

Unsere Bücher mit dem liebenswerten Leselöwen begleiten Ihr Kind durch die 2. Klasse. Sie enthalten Geschichten zu spannenden Themen, mit einfachen Sätzen und gut lesbarer Schrift. Viele bunte Bilder sorgen für Lesepausen und helfen, die Geschichten zu verstehen. Mit den Aufgaben zum Text kann Ihr Kind selbst prüfen, ob es den Text richtig verstanden hat. Zu den markierten Wörtern warten am Ende des Buches spannende Fakten und in unserem Onlineportal finden Sie viele weitere Extras.

So wird Ihr Sohn oder Ihre Tochter zum echten Leselöwen!

Ihr Leselöwe

Leselöwen

Anja Kiel

Die besten Kicker der Welt

Illustriert von Elli Bruder

Loewe

www.leseloewen.de

FSC
www.fsc.org
MIX
Papier aus verantwortungsvollen Quellen
FSC® C109273

Klimaneutral
Druckprodukt
ClimatePartner.com/18521-2202-1001

ISBN 978-3-7432-0733-2
2. Auflage 2022

Umschlag- und Innenillustrationen: Elli Bruder
Umschlaggestaltung: Michael Dietrich
Vignetten Leselöwe: Angelika Stubner
Printed in the EU

www.loewe-verlag.de

Inhalt

Kein Platz für Luca 8

Her mit den Talenten! 16

Wir sind ein Team 28

In letzter Minute 41

Kein Platz für Luca

Mo, Lilli und Serkan
kicken in der Schulhofecke.
Serkan köpft den Ball zu Luca.
„Spiel mit!“, ruft er.

Aber Luca will heute
nicht Fußball spielen.
Er will mit Jan reden.
Der hockt auf der Mauer
und isst einen Apfel.
Der Ball rollt über den Hof davon.

„Was ist los?“, fragt Jan.

Luca seufzt.

Gestern war er zum Probetraining

im **Fußballverein**.

Jan spielt schon lange dort.

Aber für Luca gibt es
gerade leider keinen Platz.
Und die Warteliste ist lang.
„Das mit dem Verein wird nichts“,
sagt Luca traurig.

Jan zögert. Dann sagt er:
„Ach, so toll ist es bei uns
im Verein auch nicht.“
Luca ist überrascht.
Sonst hat Jan immer
vom Verein geschwärmt
und von den Siegen erzählt.

„Das Training ist meistens
echt langweilig“, erklärt Jan.
„Und der Trainer ist sehr streng.
Bei den Spielen sitze ich
fast immer nur **auf der Bank**.
Ich hab gar keine Lust mehr.“

Luca überlegt.

Plötzlich hat er eine Idee:

„Wie wäre es mit einem Wechsel

zum FC Chaos-Kicker?“, fragt er.

Jetzt schaut Jan überrascht.

„Chaos-Kicker? Nie gehört!“

Luca grinst. Kein Wunder!
Den Verein hat er gerade erfunden.
„Heute Nachmittag ist große
Talentsichtung im Park“, sagt er.
„Ich sag auch den anderen Bescheid.“

Her mit den Talenten!

Als Luca in den Park kommt,
sind Jan, Mo und Serkan schon da.
Luca wirft Serkan seinen Ball
in hohem Bogen zu.
Serkan nimmt ihn mit dem Kopf an.
Nicht schlecht!

„Dürfen wir mitspielen?“
Lilli und ihre Freundin Marie
rennen auf sie zu. Luca nickt.
Marie stupst Serkan an.
„Los, Anstoß!“
Sie spielt mit Serkan und Mo
gegen Jan, Luca und Lilli.

Marie passt den Ball zu Serkan.
Luca geht dazwischen,
aber Serkan tunnelt ihn.
Marie übernimmt wieder.
Sie gibt an Mo ab.

Mo prescht wie ein Wilder los.
Lilli stellt sich ihm entgegen.
Mo täuscht nach rechts an und
zieht links an Lilli vorbei.
„Zu mir, zu mir!“, ruft Serkan.

Doch Mo stürmt einfach weiter.
Er rennt Jan über den Haufen
und schießt den Ball in hohem
Bogen in den Teich.
„Blödmann!“, schimpft Luca.
Jan geht zu Boden.
Er stöhnt und hält sich das Knie.

Zum Glück kann Luca den Ball
mit einem Ast aus dem Teich fischen.
Serkan reißt ihm die Kugel
sofort wieder aus der Hand.
Im Zickzack läuft er über die Wiese.
Lilli grätscht dazwischen.
„Foul!“, schreit Mo.

„So geht das nicht!“, sagt Luca.
Serkan zuckt mit den Schultern.
Er verdrückt sich mit Mo zum Kiosk.
Lilli und Marie gehen schaukeln.
„Mein Knie tut weh“, jammert Jan.
„Ich geh nach Hause.“

Was für eine Enttäuschung!
Dabei hatte Luca sich das
so schön ausgemalt:
ein eigener Verein
mit tollen Spielern,
die ein super Team sind.

Luca lässt den Kopf hängen.
Auf dem Heimweg stößt er deshalb
fast mit Herrn Schopp zusammen.
Der wohnt in der Wohnung über ihm.
Luca stolpert. Den Ball
lässt er vor Schreck fallen.

Blitzschnell hebt Herr Schopp
mit dem Fuß den Ball an.
Mit Brust, Oberschenkel und Knie
hält er ihn eine Weile in der Luft.
Dann streckt er Luca den Ball hin.
„Bitte sehr."

Luca staunt. Herr Schopp grinst.
„Ganz okay für einen Opa, was?“,
meint Herr Schopp. „Früher habe ich
als Fußballer sogar Geld verdient.“
Das wusste Luca ja gar nicht!
„Waren Sie Profi?“, fragt er.

„Profi ja, berühmt aber nicht“,
erklärt Herr Schopp. „Manchmal
vermisse ich das Fußballspielen.“
„Da hätte ich einen Vorschlag“,
sagt Luca. „Haben Sie Lust,
die Chaos-Kicker zu trainieren?“

Wir sind ein Team

Ja, Herr Schopp hat Lust.
Zum Training bringt er
seinen Enkel Benni mit.
Benni geht in die Parallelklasse.
„Schön, dass du dabei bist“,
sagt Luca. „Jetzt ist
die Mannschaft komplett!“

Das Training kann losgehen.
Sie üben Schießen mit
dem schwachen Fuß und im Sitzen.
Beim Zielen auf die Torwand bekommt
einer die Augen verbunden,
während ein anderer ihn führt.
Lilli trifft fast immer.

Den Hindernislauf durch den Wald
schafft Marie am schnellsten.
Trotzdem läuft sie zurück und hilft
Luca, der hingefallen ist.
„Super“, lobt Herr Schopp.
„Das ist **Mannschaftsgeist**!“

Auch das Spielen wird geübt.
Reihum wechseln sie die Positionen.
Am meisten Ausdauer
zeigen Marie und Serkan.
Sie übernehmen das Mittelfeld.
Keiner hält so gut wie Jan.
Er wird Torwart.

Luca und Benni werden **Verteidiger**.
Und Lilli und Mo?
Sie sind die besten Stürmer.
„Sonntag Freundschaftsspiel“,
sagt Herr Schopp. „Gegen die Jungs
aus Jans altem Verein!“

Am Sonntag sind alle aufgeregt.
Vor dem Anstoß bilden sie zusammen
mit ihrem Trainer einen Kreis.
Wie die Profis im Fernsehen.
„Wir sind gut drauf, wir haben Mut,
wir sind ein supergutes Team!“,
rufen sie im Chor.

Der Schiri pfeift das Spiel an.
Es geht gemächlich los.
Dann sichert sich ein Junge
aus dem Verein den Ball.
Er trägt die Nummer neun.
Zielstrebig dribbelt er auf das Tor
der Chaos-Kicker zu.

Steilpass zu einem Mitspieler.
Schuss – und Tor!
Schon in der fünften Minute.
„So ein Mist!“, denkt Luca.
„Nicht aufgeben!“, ruft Herr Schopp
vom Spielfeldrand.

Wieder ist der Ball
im Besitz der Gegner.
Luca geht dazwischen.
Er wird einfach weggeschubst.
Das war eindeutig ein Foul!

Leider hat der Schiri wohl gerade woanders hingeschaut.
Das Spiel wird nicht unterbrochen.
Gerade hat Mo den Ball.
Lilli steht frei.
„Gib ab!“, ruft Luca.
Doch Mo rennt einfach weiter.

Kurz vorm Strafraum verliert er
den Ball an die Nummer drei.
Und schon sind die Gegner wieder
vor dem Tor der Chaos-Kicker.
Schuss!

Jan pflückt den Ball
gekonnt aus der linken oberen Ecke.
Die Zuschauer jubeln. Genial!
Den nächsten Angriff
können Luca und Benni abfangen.
Bis zur Halbzeit
fällt kein Tor mehr.

In der Pause ruft Herr Schopp
seine Chaos-Kicker zu sich.
„Klasse gemacht, Jan!
Eure Abwehr ist auch prima.
Aber vergesst nicht: Ihr seid
ein Team. Denkt an unser Training!
Mo, du musst auch mal abspielen."

In letzter Minute

Die zweite Halbzeit beginnt.
Jetzt hat Luca den Ball.
Er kickt ihn zu Serkan,
Serkan köpft zu Mo.

Mo will zum Tor stürmen.
Aber ein Gegenspieler stoppt ihn.
„Zu mir!“, ruft Marie.
Mo flankt ihr den Ball zu.

Wie der Wind rennt Marie
an den Verteidigern vorbei.
Sie schießt den Ball zu Lilli.
Lilli nimmt ihn an und knallt ihn
mit Wucht ins Tor.
Unhaltbar!

Luca, Serkan, Mo, Marie
und Benni stürmen jubelnd zu Lilli
und umarmen sie. Alle auf einmal.
„Toller Schuss! Du bist super!“,
ruft Jan aus dem Tor.

„Wir sind alle super!“,
schreit Lilli.
Und Luca weiß, dass sie recht hat.
Doch jetzt legen die Gegner
noch mal richtig los.

Nach einem gezielten Pass
ist der Ball wieder vor Jans Tor.
Luca drängt den Spieler ab.
Der kickt den Ball zu Nummer neun.
Schuss und Tor! Fast hätte Jan
den Ball noch bekommen. Fast.

Noch vier Minuten. Es steht 2:1.
Die Zeit rennt. Schon wieder
fliegt der Ball auf Jan zu.
Luca streckt den Fuß aus
und kann den Ball abfälschen.
Mit einem Hechtsprung wirft
sich Jan auf den Ball. Geschafft!

Noch zwei Minuten.
Jan lässt den Ball vor die
eigenen Füße fallen. Und Abschlag!
Der Ball segelt über Lucas Kopf
bis in die gegnerische Spielhälfte.

Noch eine Minute!

Mo stoppt den Ball mit der Brust.

Mit einem Flachschuss befördert er das Leder am Torwart vorbei in die linke untere Torecke.

In allerletzter Sekunde!

Abpfiff. Das Spiel endet 2:2.

„Nicht schlecht!“,
ruft der Trainer vom Verein
zu Luca und Jan herüber.
„Versucht es doch noch mal bei uns.
So lang ist die Warteliste
nun auch wieder nicht.“
Doch Jan schüttelt den Kopf.

Und Luca grinst. „Erst,
wenn Herr Schopp in Rente geht."
Herr Schopp stellt sich zu ihnen.
„Rente? Nicht für mich!",
meint er zwinkernd.
„Ein bisschen Ordnung
brauchen meine Chaos-Kicker schon."

„Aber ohne Luca gäbe es
den FC Chaos-Kicker gar nicht“,
sagt Jan und klopft seinem
Freund auf die Schulter.
„Ein großartiger Verein,
in dem keiner auf der Bank sitzt.
Und wo jeder zeigt, was er kann!“

Dann laufen Luca und Jan
zu den anderen Chaos-Kickern.
Gemeinsam schmettern sie:
„So sehen Freunde aus,
schalalalala.
So sehen Freunde aus,
schalalalalalala!“

Fragen und Antworten

1. Wer gründet einen neuen Verein? Kreise ein.

Luca

Herr Schopp

Jan

Antwort: Luca

2. Wie heißt der neue Verein? Bringe die Buchstaben in die richtige Reihenfolge.

SCHICKE KORA

Antwort: Chaos-Kicker

3. Lies genau in Spiegelschrift. Wie heißt der neue Trainer? Kreuze an.

- ☐ Herr Schupp
- ☐ Herr Schapp
- ☐ Herr Schopp

Antwort: Herr Schopp

4. Welches Wort passt nicht in diese Reihe? Kreise ein.

TORWANDFARBEMITTELFELD

Antwort: Farbe

5. Was ruft der Trainer vom Spielfeldrand? Kreuze an.

- ☐ Nicht abgeben!
- ☐ Nicht aufgeben!
- ☐ Nicht angeben!

Antwort: Nicht aufgeben!

6. Wer schießt beim Freunschaftsspiel das erste Tor für Lucas neue Mannschaft? Kreise ein.

Lilli | Marie | Mo

Antwort: Lilli!

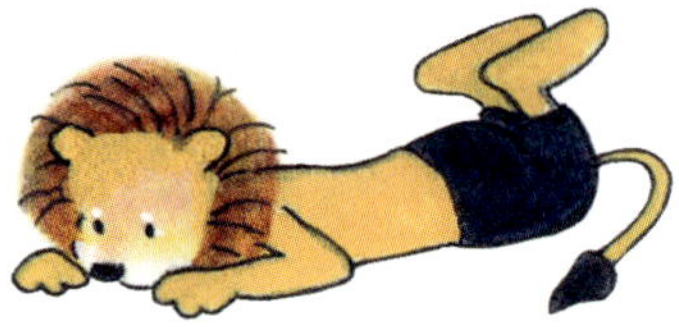

7. Wie viele Mädchen spielen in der neuen Mannschaft mit? Rechne aus.

- ☐ 24-21= _____
- ☐ 28-26= _____
- ☐ 25-24= _____

Antwort: 28-26=2 Mädchen

8. Welches Wort fehlt in diesem Satz aus der Geschichte? Trage es ein.

Ein bisschen ______________ brauchen meine Chaos-Kicker schon.

Antwort: Ordnung

9. Was singen Luca und die Chaos-Kicker am Ende? Trage die fehlenden Buchstaben ein.

So sehen F__e__nde aus!

Antwort: So sehen Freunde aus!

10. Findest du vier Wörter aus der Geschichte im Buchstabengitter?

F	U	S	B	O	V	E
E	R	S	T	P	E	F
T	O	R	W	A	R	T
A	M	L	I	Z	E	E
S	C	H	I	R	I	A
C	R	U	S	T	N	M
H	E	D	W	H	I	U

Antwort: Torwart, Schiri, Verein, Team

Schon gewusst?

Fußballverein (Seite 10):

Im Fußballverein wird nicht nur Fußball gespielt, man trainiert auch Ausdauer, Kraft und Technik. Außerdem übt man das Dribbeln mit dem Ball, Passspiel, Torschüsse und einzelne Spielabläufe, damit die Mannschaft bei den Spielen dann möglichst gut zusammenspielt.

auf der Bank (Seite 13):

Bei einem Spiel können immer nur elf Spieler auf den Platz, in einer Mannschaft sind normalerweise aber mehr Spieler. Wenn einer krank wird, kann der andere einspringen. Wer gerade nicht mitspielt, sitzt daher auf der Ersatzbank.

Mannschaftsgeist (Seite 30):

Wenn man nicht nur an sich selbst denkt, sondern das tut, was für die ganze Mannschaft am besten ist, nennt man das Mannschaftsgeist oder Teamgeist.

Verteidiger (Seite 32):

Die Verteidiger verteidigen das Tor vor Angriffen. Sie versuchen, den Stürmern der gegnerischen Mannschaft den Ball abzujagen, bevor diese überhaupt zum Tor gelangen.

Steilpass (Seite 35):

Bei einem Steilpass schießt man den Ball dorthin, wo ein Mitspieler gerade hinläuft. Im Idealfall kommen Spieler und Ball gleichzeitig an und der Ball bleibt im Besitz der eigenen Mannschaft.

Blättere schnell um und trage die roten Buchstaben in der richtigen Reihenfolge in die Kästchen ein!

Anja Kiel träumte als Kind eigentlich davon, Köchin, Malerin oder Ballerina zu werden. Geschichten liebte sie aber schon immer. Als sie dann selbst Kinder bekam und ihnen vorlas, entdeckte sie ihre eigene Begeisterung fürs Schreiben. Sie lebt mit ihrer Familie im Ruhrgebiet.

Elli Bruder hat schon als kleines Mädchen gern Bildergeschichten für ihre Geschwister gemalt. Heute arbeitet sie als Grafikerin und Illustratorin für verschiedene Kinderbuchverlage. Sie lebt mit ihrer Familie und vielen Tieren in der Nähe des Ratzeburger Sees in Norddeutschland.

Das Leselöwen-Lösungswort

Besuche den Leselöwen auf **www.leseloewen.de** und trage die farbigen Buchstaben von der Seite *Schon gewusst?* in der richtigen Reihenfolge in die magische Box ein.

Wenn du das Lösungswort gefunden hast, kommst du auf die geheime Seite mit vielen weiteren Spielen und Rätseln!

Der **Leselöwe** freut sich auf dich!